MONNAIES FRANÇAISES

JETONS ET MÉDAILLES

Monnaies antiques

GRECQUES ET ROMAINES

VENTE AUX ENCHÈRES PUBLIQUES

A PARIS, HÔTEL DES COMMISSAIRES-PRISEURS, RUE DROUOT, 9

Salle n° 8, au 1er étage,

Les Jeudi 17 et Vendredi 18 Novembre 1898

A deux heures précises.

Exposition une heure avant la Vente

COMMISSAIRE-PRISEUR :	EXPERT :
Mᵉ MAURICE DELESTRE	M. ÉTIENNE BOURGEY
5, rue Saint-Georges	*19, rue Drouot*

PARIS

La vente aura lieu au comptant.

Les acquéreurs paieront cinq pour cent en sus des enchères.

L'exposition mettant les acheteurs à même de juger de l'état des pièces, aucune réclamation ne sera admise aussitôt l'adjudication prononcée.

M. Étienne BOURGEY, 19, rue Drouot, se charge, aux conditions habituelles (5 o/o sur la limite), des commissions qui lui seront confiées.

L'ordre du catalogue sera suivi ou non. L'expert se réserve le droit de diviser ou de réunir les lots.

MACON, PROTAT FRÈRES, IMPRIMEURS.

COLLECTION DE FEU M. LE Dr TEILLEUX

DU MANS

MONNAIES GRECQUES

1 **Celtibères**. *Belsinum*. Tête barbue, à dr. ℞. **IMONES**. Cavalier, à dr. Arg. TB.

2 *Aebisaci*. Tête barbue, à dr. ℞. Cavalier. Lég. Arg. TB.

3 *Cosetani*. Tête, à dr. ℞. Cheval marin. Æ. Br. 2 p. TB.

4 *Helmantica*. Tête barbue, à dr. ℞. **ELMAN**. Cavalier, à dr. Arg. et br. 2 p. TB.

5 *Miacum*. Même type. Arg. B.

6 *Jessos*. Tête, à dr., entre trois dauphins. ℞. Cavalier, à dr. ; dessous, légende.

— *Murgis*. Tête, à dr. ℞. Même type. Br. 2 p. TB.

7 *Sena. Segisapa. Valentia. Celsa*. Br. 4 p.

8 Lot de bronzes celtibères. 20 p.

9 *Domination romaine*. Ilerda, Ilici, Osca, etc. Br. 6 p.

10 **Sicile**. *Syracuse*. Tête, à g. ℞. Pégase. Taureau. Triquêtre, foudre. Br. 7 p. B.

11 Tête, à g. ℞. Taureau cornupète, à g. Br. 2 p. TB.

12 Tête laurée de Jupiter, à g. ℞. Cheval courant à g. Br. TB.

13 Tête d'Aréthuse, à g. ℞. Bige au galop. Br. TB.

14 Tête barbue, à dr. ℞. Isis debout. Br. B.

15 Tête, à g. ℞. Triquêtre. Br. B.

16 Tête, à g. ℞. Pégase. Br. Jolie pièce. TB.

17 *Panorme* sous la domination carthaginoise. Buste de Cérès, ℞. Cheval debout, à dr. Statère d'electrum.

18 *Tauromenium*. Tête d'Apollon, à g. ℞. Taureau à face humaine. Br. 2 p. B.

19 Tête coiffée du calathus. — Cithare. — Trépied. Br. 5 p.
20 Tête, à g. R∕. **TAVROMENITAN**. Trépied. Br. TB.
21 **Épire**. Tête de Jupiter, à dr. R∕. **ΑΠΕΡΩΤΑΝ**. Aigle. Arg.
    B.
22 Foudre. Fer de lance. Trépied. Br. 5 p.
23 *Ambracia*. Griffon. Apollon. Obélisque. Br. 5 p.
24 **Athènes**. Tête de Minerve. R∕. **ΑΘΕ**. Chouette. Arg. TB.
25 **Thessalie**. Tête laurée de Jupiter, à dr. R∕. Pallas combattant
    à dr. Arg. TB.
26 **Éphèse**. Abeille. R∕. Cerf devant un palmier. Arg.
27 Lot de 10 p. Arg. Velia, Syracuse, etc.
28 Lot de 12 p. Arg. Athènes, Macédoine, etc.

MONNAIES ROMAINES

République.

29 Tête laurée de Janus. R∕. Jupiter dans un quadrige; dessous,
    ROMA en relief. Arg. Babelon. p. 21. N° 24. Arg. FDC.
30 *Anonymes*. Tête de Rome, à dr. R∕. Les Dioscures au galop;
    dessous, ROMA. B. 2. TB.
31 Tête de Rome. R∕. Victoire dans un bige. B. 6. TB.
32 Tête de Rome. R∕. Les Dioscures; au-dessus un croissant;
    au-dessous ROMA . Arg. B. 20. TB.
33 *Acilia*. Tête de Rome. R∕. NV ACILI. Jupiter dans un qua-
    drige; dessous bouclier macédonien. Arg. B. 1. TB.
34 Tête de la Santé. R∕. La Santé nourrissant un serpent. Arg.
    B. 8. TB.
35 *Aemilia*.. Le roi Aretas. B. 8. — L. Amilius Paulus. B. 10.
    2 p. Arg TB.
36 *Afrania*. Tête de Rome. R∕. S AFRA ROMA. Victoire dans un
    bige. B. 1. Arg. FDC. — *Annia*. B. 2. Arg. TB.
37 *Annia*. RESTIO. Tête d'Antius Restio, à dr. R∕. C ANTIUS.C.F.
    Hercule nu. Arg. Bab. 1. TB.
38 *Antonia*. Légion V et XII. Bab. 110 et 119. Arg. 2 p. TB.
39 *Aquillia*. Tête radiée du soleil. R∕. Diane dans un bige. Arg.
    B. 1. TB.

40 *Aurelia*. Tête de Vulcain. R⁄. L COT. Aigle. Arg. Bab. 21. TB.

41 *Cæcilia*. Tête de la Pitié. R⁄. IMPER. Lituus et præfericulum. B. 44. Arg. FDC.

42 *Calidia*. Bab. 1. Arg. TB. — *Calpurnia*. B. 27. Arg. FDC.

43 *Cassia*. Temple de Vesta. Bab. 8. Arg. FDC.

44 *Claudia*. Tête de Flore. R⁄. VESTALIS. La Vestale Claudia Quinta assise, à g. Bab. 13. Arg. B.

45 *Cornelia*. Tête de Vénus. R⁄. Double corne d'abondance. B. 33. TB.

46 Buste diadémé de Diane. R⁄. FELIX. Sylla sur une estrade entre le roi Bacchus et Jugurtha. B. 59. Arg. TB.

47 Buste de Vénus. R⁄. FAUST. Trois trophées. Arg. Bab. 63. B.

48 *Egnatia*. MAX SUMUS. Buste de Vénus. R⁄. C.EGNATVS.CN.F. CM.N. La Liberté dans un quadrige, couronnée par la Victoire. Arg. B. 1. Belle.

49 *Cosconia*. Le roi gaulois Bituus dans un quadrige. B. 1. Arg. TB.

50 *Crepereia*. Buste d'Amphitrite. R⁄. Q GREPER M.F ROCVS. Neptune dans un bige d'hippocampes. Arg. B. 2. TB.

51 *Curatia*. C.COR ROMA. Déesse dans un quadrige. B. 2. Arg. TB.

52 *Hosidia*. Buste de Diane. R⁄. Sanglier. B. 2. FDC. — Variante. B. 2. Arg. FDC.

53 *Itia*. Tête de Rome, à dr. R⁄. L.ITI.ROMA. Les Dioscures, à g. B. 1. Arg. FDC. (Colon de Quelen.)

54 *Julia*. Eléphant. B. 9. TB. — *Junia*. B. 1. Arg. FDC.

55 Tête de Brutus l'ancien. R⁄. Tête d'Ahala. B. 30. TB.

56 Lyre, plectrum et laurier. B. 34. Arg. B.

57 *Livineia*. Tête de Régulus. R⁄. Chaise curule. B. 10. TB.

58 *Lutatia*. Tête de Rome. R⁄. Q LUTATI Q. Galère. B. 2. Arg. TB.

59 *Marcia*. B. 1 et 8. Arg. 2 p.TB. et FDC.

60 L.CENSORIN. Tête de Vénus. R⁄. P CREPVSI C LIMETAN. Vénus dans un bige. Bab. 25 (30ᵉ) Arg. TB.

61 *Nonia*. Tête de Saturne. R⁄. Rome couronnée par la Victoire. B. 1. TB.

62 *Pinaria*. Tête de Rome. R⁄. NATA ROMA. Bige. B. 1. FDC.

63 Tête de Rome. R⁄. NATA ROMA. Bige. B. 2. FDC.

64 *Plautia*. Tête de Cybèle. R⁄. Bacchus à genoux. B. 13. FDC.

65 *Pompéia*. Chaise curule. B. 5. Arg. TB.

66 *Porcia*. PROVOCO. Citoyen romain, guerrier et licteur. Arg.
B. 4. TB.

67 *Postumia*. ALBINUS BRUTI F. Mains jointes et caducée. B. 10.
TB.

68 *Rustia*. Tête casquée de Mars. R⳽. L RVSTI. Bélier. Arg. B. 1.
FDC.

69 Q RUSTIUS. Bustes accolés. R⳽. CAESARI AUGUSTO. Autel
B. 10 (Col^on de Quelen). FDC.

70 *Rutilia*. Tête casquée. R⳽. RUTILI. Bige. TB.

71 *Satriena*. P SATRIENUS ROMA. Louve, à g. TB.

72 *Saufeia*. L SAUF ROMA. Bige. B. 1. FDC. — *Scribonia*. C.SCR.
Les Dioscures. B. 1. TB. — Puits. B. 8. TB. 3 p.

73 *Sestia*. L.SESTI PROQ. Buste voilé de la Liberté. R⳽. CAEPIO
BRUTUS PRO COS. Trépied, hache et simpulum. B. 2. FDC.
(prov. de la Col^on Quelen).

74 *Titinia*. C TITINI HOMA. Bige. B. 7. B.

75 *Volteia*. M.VOLTEI M. F. Cérès dans un char traîné par deux
dragons. Bab. 3. FDC.

Impériales.

76 *Cn. Pompée*. CN.PISO.PRO Q. Tête de Numa Pompilius. R⳽.
MAGN PRO COS. Proue. Arg. Coh. 4. B.

77 Tête de Pompée. R⳽. Neptune et les fils de Caton. C. 17.
Arg. B.

78 *Domitius Ahenobarbus*. Sa tête, à dr. R⳽. Proue. Arg. AB.

79 *J. César*. M.SANQUINIVS III VIR. Tête de César. R⳽. Prêtre
salien. Coh. 6. Rare. AB.

80 P.SEPVLLIVS MACER. Vénus. Coh. 39. Arg. B.

81 *Sexte Pompée*. Le Phare de Messine. R⳽. Le monstre Scylla.
Arg. Coh. 2. B.

82 *Marc-Antoine*. Tête de Jupiter Ammon. R⳽. Victoire, à dr.
Coh. 1. Arg. TB.

83 Tête de Marc-Antoine, à dr. R⳽. Victoire deb. à g., tenant
une palme et une couronne. Coh. 11. Arg. B. Rare.

84 *Auguste*. CAESAR. Tête nue, à dr. R⳽. AUGUSTUS. Vache, à g.
Coh. 26. Or. B.

85 Tête d'Auguste. R̷. AEGYPTO CAPTA. Crocodile, à dr. Coh. 2. Arg. AB. Rare.

86 CAESAR. Tête nue. R̷. AVGVSTVS. Vache, à dr. Coh. 28. Arg. TB.

87 Coh. 133 et 144. Arg. 2 p. B.

88 OB CIVIS SERVATOS dans une couronne. C. 209. Arg. TB.

89 CANTISTIVS REGINVS III VIR. Instruments de sacrifice. Coh. 347. Arg.

90 P CARISIVS LEG PRO PR. Trophée. Coh. 402. Arg. B.

91 *Claude.* Tête, à dr. R̷. EX.S.C.OB.CIVES SERVATOS dans une couronne. Coh. 34. Or.

92 PACI AVGVSTAE. La Paix deb. Arg. C. 51. AB.

93 DE BRITANN. Arc de triomphe. Coh. 20. Arg. B.

94 *Néron.* JUPPITER CVSTOS. Jupiter assis, à g. Arg. B.

95 ROMA. Rome Nicéphore assise, à g. C. 259. Arg. B.

96 PACE PR TERRA MARIQ PARTA IANVM CLVSIT S.C. Le Temple de Janus fermé. g. b. Coh. 136. B.

97 CONG II ORT POP. S.C. Néron assis, à g., sur une estrade ; à côté le préfet du prétoire ; plus bas un soldat et un homme en toge. g. b. Coh. 78. Belle pièce de la Cᵒⁿ de Quelen.

98 PACE PR UBIQ PARTA IANUM CLUSIT SC. Temple de Janus fermé. Coh. 132. m. b. TB.

99 *Galba.* Buste de Galba, à dr. R̷. DIVA AVGVSTA. Livie deb. Coh. 43. Arg. B.

100 *Othon.* IMP OTHO CAESAR AVG TR P. Tête d'Othon, à dr. R̷. PONT MAX. Vesta assise, à dr. Coh. 6. Or. B.

101 PONT MAX. L'Abondance deb. Coh. 11. Arg. AB.

102 SECVRITAS AVG. La Sécurité deb. Coh. 15. Arg. AB.

103 *Vespasien.* IMP XIX. Modius. C. 216. — IOVIS CVSTOS. Jupiter deb. Coh. 222. — PONT MAXIM. Coh. 389. Ens. 3 p. Arg. TB.

104 *Titus.* T.CAES IMP VESP CENS. Tête laurée. R̷. PONTIF MAXIM. Titus assis, à dr. Or. Manque dans Cohen.

105 Vénus deb., vue de dos. Coh. 284. Arg. TB.

106 Cérès assise, à g., tenant des épis. Coh. 287. Arg. FDC.

107 Dauphin enlacé autour d'une ancre. C. 309. Arg. FDC.

108 *Domitien.* Ancre et Dauphin. C. 593. — Autel allumé. C. 597. — Pallas deb. C. 210. Arg. 3 p. TB. et FDC.

109 *Nerva.* Buste lauré. R⫯. LIBERTAS PVBLICA. La Liberté deb. Arg. FDC.

110 *Trajan.* Le Danube couché, à g. Coh. 136. Arg. FDC.

111 La Paix deb. tenant une branche d'olivier et une corne d'abondance. Coh. 209. Arg. FDC.

112 Mars portant une haste et un trophée. C. 270. Arg. FDC.

113 Rome nicéphore assise, à g. C. 391. g. b. TB.

114 *Adrien.* AVG.PM.TR.P.COS.II. Victoire allant à dr. Coh. 192. Arg. quinaire. TB. Rare.

115 La Concorde assise. — Génie nu deb. C. 1089. Arg. 2 p. FDC.

116 FELICITATI AVG COS III PP. Vaisseau allant à g. avec cinq rameurs et un pilote. g. b. C. 673. TB.

117 *Aelius.* TR POT COS II SC. L'Espérance deb., à g., tenant une fleur. Coh. 57. m. b. TB.

118 CONCORDIA. La Concorde deb. Coh. 14. Arg. B.

119 *Antonin.* Tête laurée, à dr. R⫯. TR POT XX COS IIII. Victoire marchant à g. et tenant une couronne et une palme. Coh. 1013. Or. Superbe à FDC.

120 Tête laurée et drapée, à dr. R⫯. TR POT XXI COS IIII. La Santé deb., à dr., donnant à manger à un serpent qu'elle tient dans ses bras. Coh. 1044. Or. FDC.

121 Aigle. C. 154. — La Fortune. C. 383. — La Paix. C. 573. Ens. Arg. 3 p. FDC.

122 *Faustine mère.* DIVA FAUSTINA. Buste diadémé, à dr. R⫯. AUGUSTA. Vesta deb., à g., tenant une patère et un gouvernail posé sur un globe. Manque dans Cohen. Or. Superbe pièce.

123 Junon debout. — L'Éternité deb. Arg. 2 p. TB.

124 *Marc-Aurèle.* Mars debout. C. 847. — La Providence deb. C. 516. — L'Abondance. C. 850. Ens. Arg. 3 p. TB. et FDC.

125 *Faustine jeune.* La Fécondité deb. Coh. 99. FDC. — Vénus deb. Coh. 259. TB. Arg. 2 p.

126 *Pertinax.* Buste, à dr. R⫯. PROVID DEORVM. La Providence deb., à g. levant les bras vers un globe. Coh. 40. Arg. TB.

127 *Albin.* Buste, à dr. R⫯. FIDES LEGION COS II. Mains jointes tenant un aigle légionnaire. Coh. 22. Arg. TB.

128 *Julia Domna.* Cybèle assise, à g. — La Pitié deb. — La Pitié deb. sacrifiant. Arg. 3 p. FDC. (Con de Belfort).

129. *Caracalla*. La Monnaie deb. — Hercule nu. Arg. 2 p. FDC.

130 *Élagabale*. La foi militaire assise, à g. Arg. FDC. (C^on de Belfort).

131 *Macrin*. Buste lauré, à dr. R⁄. FIDES MILITVM. La Fidélité tenant deux enseignes. Coh. 23. Arg. TB.

132 *Alex. Sévère*. Jupiter propugnator. Coh. 76. — Mars combattant. C. 161. — La Providence debout. C. 501. — L'Espérance. C. 543. Ens. Arg. 4 p. FDC.

133 *Maximin*. La Fidélité. C. 7. — L'Empereur entre deux enseignes. C. 46. — La Santé assise, à g. C. 85. — La Victoire courant à dr. C. 99. Ens. 4 p. Arg. FDC.

134 *Balbin*. Buste radié, à dr. R⁄. CONCORDIA AVGG. Mains jointes. Arg. TB.

135 *Pupien*. Buste radié, à dr. R⁄. AMOR MVTVVS AVGG. Mains jointes. Coh. 1. TB.

136 *Philippe père*. FIDES EXERCITVS. Quatre enseignes. — AETERNITAS AVGC. Eléphant et son cornac. — ADVENTVS AVGG. L'Empereur à cheval. 3 p. FDC. (Collection de Quélen).

137 *Otacilie*. La Concorde. — La Pudeur. — La Piété. 3 p. TB. et FDC. (Collection de Belfort).

138 *Philippe fils*. PIETAS AVGVSTOR. Instruments de sacrifice. — Philippe, prince de la Jeunesse. 2 p. FDC. (Belfort).

139 *Trajan Dèce*. L'Abondance. — Le Génie d'Illirie. — Le génie des armées. 3 p. FDC. (Quélen).

140 *Hostilien*. Buste radié. R⁄. Mars Propugnator. TB.

141 PRINCIPI IVVENTVTIS. Hostilien deb. FDC (Belfort).

142 *Trébonien Galle*. La Santé. — La Fertilité. — La Piété. 2 p. Ens. 4 p. TB. et FDC. (Quélen).

143 *Emilien*. Buste radié, à dr. R⁄. MARTI PACIF. Mars. TB.

144 ERCVLI VICTORI. Hercule debout. FDC. (Belfort).

145 *Mariniane*. Buste voilé sur un croissant. R⁄. CONSECRATIO. Paon enlevant l'Impératrice. TB.

146 CONSECRATIO. Paon, de face. Pièce remarquable. FDC.

147 *Quietus*. Buste radié. à dr. R⁄. SOL INVICTO. Le soleil deb. TB. (Quélen).

148 *Macrieu*. Buste radié. R⁄. IOVI CONSERVATORI. Jupiter assis, à g. TB. (Quélen).

149 *Lelieu*. Buste radié, à dr. R⁄. VICTORIA AVGG. Victoire courant à dr. Très belle pièce. (Quélen).

150 *Victorin.* p. b. 3 p. TB.

151 *Marius.* Buste radié, à dr. R⃗. VICTORIA AVG. Victoire marchant à dr. p. b. FDC. (Quélen).

152 *Allectus.* IMP C ALLECTUS.P.V. AVG. Buste radié. R⃗. La Paix. p. b. AB.

153 *Carausius.* IMP C CARAUSIUS AVG. Buste radié. R⃗. TUTELA Femme sacrifiant. p. b. TB. (Quélen).

154 *Valérie.* Buste, à dr. R⃗. VENERI VICTRICI. Vénus deb. m. b. TB. (Belfort).

155 *Sévère II.* SALVIS AVGG, etc. m. b. TB.

156 *Constance II.* Buste, à dr. R⃗. VOTIS XXX MULTIS XXXX. Arg. 2 p. TB.

157 *Valens.* VOT V — URBS ROMA. Arg. 2 p. B.

158 *Sévère III.* D.N.LIBIVS SEVERVS. Buste diadémé, à dr. R⃗. VICTORIA AVGGG. L'empereur tenant une longue croix et écrasant la tête d'un dragon. Or. FDC. (Belfort).

159 *Michel IV.* Buste, de face, diadémé et barbu de Michel IV tenant le Labarum et le globe crucifère. Sabatier, pl. 49, n° 2 (200 fr.). FDC.

160 Lot de pièces. Arg. et Bill.

161 Très grand lot de petits br. de Tétricus, Victorin, Gallien, Postume, Marius, etc. Plusieurs milliers.

MONNAIES

162 **Rois Wisigoths.** *Leovigilde,* 573-586. NVATVASP. Buste, à dr. R⃗. VIVNVSTA. Victoire, à dr. Or. TB. Rare.

163 *Reccarède Ier,* 586-601 + RECARE DVS REX. Buste de face. R⃗. TOLETO PIVS. Buste de face. Or. TB. Très rare.

164 **Mérovingiens.** *Avignon?* AVIIION. Buste informe, à g. R⃗. AVRCINIU. Type dégénéré de la Victoire, à g. Or. TB.

165 *Clermont.* Buste, à dr. R⃗. AR NO en deux lignes séparées par un double trait. Or. B.

166 *Toul.* + TVLLO CIVITA. Buste diadémé, à dr. R⃗. DRUCTOALDVS MO entre un cercle et une couronne de feuillage, dans le champ croix sur un globule accosté de TU. Or. TB. Rare.

167 **Carolingiens.** *Charlemagne.* CARLUS REX. Croix. R⁄. METULLO.
    Monogramme. Arg. FDC.

168 *Charles le Chauve.* Deniers de Chartres. Curtisson. 2 p. TB.

169 Deniers frappés au Mans, à Orléans. 2 p. TB.

170 + QUENTOVVICI. Denier fr. à Quentowic. Arg. TB.

171 REDONIS. Denier fr. à Rennes. FDC.

172 *Charles le Gros.* NEVERNIS. Denier de Nevers. TB.

173 *Charles le Simple.* CAR LVS en deux lignes. R⁄. METULLO.
    Rétrograde. Croix. Très rare. FDC.

174 *Lothaire.* Bourges. Denier au temple. B.

175 Châlon-sur-Saône. CAVILONIS CIVIT. Croix. R⁄. LOTERIUS
    REX. Grand B dans le champ. B.

176 **Capétiens.** *Philippe Ier.* MATISCON. Denier de Mâcon.

177 **Louis VI-VII.** *Bordeaux.* LODOICUS REX. Croix. DUX AQUITA-
    NI + en trois lignes. H. 9. TB. Rare.

178 Obole au même type. H. 10. Rare.

179 Deniers fr. à Orléans, Langres, Laon, Étampes et Dreux.
    5 p. B. et TB.

180 **Philippe VI.** *Écu d'or.* Le roi assis sur un siège gothique et
    tenant un écu fleurdelisé. H. 3. Or. FDC.

181 **Jean le Bon.** *Franc à cheval.* Le roi armé de toutes pièces, à
    cheval, au galop, à g. H. 10. Or. TB.

182 *Gros tournois.* Type ordinaire. H. 15. 3 p.

183 *Gros à la queue.* H. 19. TB.

184 *Gros à la couronne.* Grande couronne. H. 25. B.

185 *Gros à la fleur de lys.* Grand lis couronné. H. 31. B.

186 *Gros à la couronne.* Grande couronne, dessous FRANCORU REX
    en deux lignes. H. 28. B.

187 *Gros, patte d'oie.* FRANC entre deux couronnes. H. 49.
    2 p. B.

188 **Charles V.** *Franc à pied d'or.* Le roi debout sous un dais
    gothique. H. 2. TB.

189 *Gros Delphinal.* DALPHS. VIENS. Dauphin. H. 13. TB.

190 *Petit dauphin.* KROL dans le champ. H. 16. TB.

191 **Charles VI.** Gros dit Grossus. H. 14. TB.

192 *Guenar,* différents ateliers. 25 p. TB.

193 **Henri VI.** *Salut d'or.* L'annonciation à la Vierge. H. 2,
    frappé à Dijon. TB.

194 *Noble*. Le roi debout dans un navire. Or. TB.

195 **Charles VII**. *Royal d'or*, fr. à Chinon. H. 9. TB.

196 *Grand blanc dentillé*. H. 15. B. rare.

197 *Petit blanc de 5 deniers Tournois*. H. 44. B.

198 *Grand blanc aux fleurs de lis*. H. 39. TB.

199 **Charles VIII**. *Karolus*. H. 19 — Pour la Bretagne. H. 23. — Du Dauphiné. H. 22. 3 p.

200 **Louis XII**. Douzain au porc-épic. H. 33. — Dizain à l'L. H. 39. 2 p. B.

201 *Douzain* au porc-épic de Bretagne. H. 37. Rare.

202 **François I**^{er}. *Teston* à la couronne radiée. H. 81. TB.

203 *Teston*. Buste jeune couronné. H. 42. TB.

204 *Teston* du Dauphiné. Buste jeune couronné à dr. Écu de France-Dauphiné. H. 52. TB.

205 **Henri II**. *Teston au moulin*. H. 40.

206 *Teston* au moulin. Grosse tête laurée, à dr. H. 52. TB.

207 *Teston du Dauphiné*. Buste couronné, à dr. R⁄. Écu de France-Dauphiné. H. 17. TB.

208 **Charles IX**. Écu d'or. H. 1. TB.

209 *Testons*. Petite et grosse tête. H. 10. 2 p. TB.

210 **Henri III**. *Quart d'écu*. Type habituel. H. 29. TB.

211 *Franc*. Buste du roi avec fraise et épaulières. H. 20. FDC.

212 *Demi-franc*. Même type. H. 23. FDC.

213 *Gros de Nesle du Dauphiné*. Grand H couronné entre deux lis et un Dauphin. H. 39. TB.

214 **Henri IV**. *Quart d'écu* de Navarre. H. 29. — de Béarn. H. 32. — du Dauphiné. H. 26. Ens. 3 p. TB.

215 *Gros de Nesle* du Dauphiné. Rare, fruste.

216 *Douzain de Béarn*. Écu de France-Béarn. H. 65. B. rare.

217 **Louis XIII**. *Quinze sols*. 2 p. B et TB.

218 **Louis XIV**. *Écu de France-Navarre-Béarn* au buste juvénile. H. 109. Arg. Rare. Beau.

219 *Écu aux huit* L. H. 134. Arg. TB.

220 *Siège d'aire*, 50 sols. Écu du gouverneur accosté de la date 1710. Flan carré. Arg. B.

221 **Louis XV**. *Double Louis de Noailles*. LUD XV D G FR ET NAV REX. Buste enfantin couronné, à g., dessous 1718. R⁄. CHRS. REGN VINC IMP. Quatre écus couronnés, disposés en

croix et cantonnés de quatre lis. H. 6. Magnifique pièce à FDC.

222 *Louis d'or à la croix de Malte.* Buste enfantin lauré. Ŗ. CHRISTUS etc. Croix de Malte avec trois lis au centre. H. 11. TB.

223 **République**. Sol aux balances fr. l'an 11 à Limoges. TB.

224 *Essai de 30 sols.* Génie deb., gravant les tables de la loi. Étain. Essai uniface de l'an III. TB.

225 *Essai de 15 sols.* Même type essai de l'an III. Étain. TB.

226 Essai de deux francs de Gengembre au buste de Napoléon Ier consul. Sur la tranche : LA PATRIE AUX SCIENCES. Cuiv. FDC.

227 *Essai de cinq francs de Saulnier.* En 8 lignes : NOUVEAU PROCÉDÉ DE FRAPPER EN VIROLE PLEINE, PAR SAULNIER, MÉCANICIEN, A LA MONNAIE. Ŗ. PRÉSENTÉ A NAPOLÉON BONAPARTE Ier CONSUL DE LA RÉPUBLIQUE FRANÇAISE AN X Cuiv. TB.

228 *Module du sol.* RÉPUBLIQUE FRANÇAISE. Coq sur un sablier entre deux branches de lauriers et brochant sur une gloire. Ŗ. ALEXANDRE I, EMPEREUR DE RUSSIE. Dans le champ PAIX ET AMITIÉ ENTRE LA FRANCE ET LA RUSSIE MAY 1802. FDC.

229 **Napoléon Ier**. *50 cent.* du siège de Palme 1814. Cuivre. TB.

230 *Essai de 10 centimes* par Tiolier. Cercle de br. encastrant une rondelle d'argent. FDC.

231 *Anvers.* 10 cent. de 1814. Cuiv. jaune. FDC. Fr. en essai.

232 *Hambourg.* 32 schilling de 1809. Fr. par le maréchal Davoust. Arg. FDC.

233 *Joseph Napoléon,* roi de Naples. Écu de 120 grani. Arg. FDC.

234 *Louis Napoléon,* roi de Hollande. Écu de 58 stuivers de 1808. Arg. FDC.

235 *Murat,* roi des Deux-Siciles, grand amiral. Écu de 12 Carlini. Arg.

236 *Murat.* Duc de Berg et de Clèves. EINE XVI FEINE MARK dans une couronne. 1706. Arg. FDC.

237 *Bernadotte,* roi de Suède et de Norvège. Écu arg. TB.

238 *Napoléon II.* Quart de franc. Arg. Deux francs, 3 cent., Centime fr. en essai. Cuiv. 5 p. Pièces de fantaisie.

239 *Charles X.* Essai de 2 francs de Tiolier. Tête du roi, à dr. Étain, uniface. FDC.

240 *Essai de 50 centimes* de Michaud. Tête du roi, à g. Arg. uniface. FDC.
241 2 francs de 1828. Fr. à Bordeaux. Arg. FDC.
242 *Henri V.* Franc de 1831. 2 p. Arg. FDC.
243 *Monaco.* 5 francs d'Honoré V. 1837. Arg. FDC.
244 *Éthiopie.* Thaler au buste de Menelik. Arg. TB.

MÉDAILLES

245 Médailles en argent de J. Dassier. *Jacques de Tourreil.* Buste à dr. R⁄. DE L'ACADÉMIE FRANÇAISE. M. 1714. Tombeau et renommée. 28 mm. TB.
246 *Pierre Corneille.* Académicien et poète, m. en 1684. TB.
247 *Jean Racine.* Académicien et poète, m. en 1699. TB.
248 *Olivier Patru.* Avocat et doyen de l'Académie française, m. en 1681. TB.
249 *Jérôme Bignon.* Avocat général, m. en 1656. TB.
250 *Mᵐᵉ A. de la Garde des Houllières,* poète, m. en 1694. TB.
251 *Mᵐᵉ Dacier.* De l'académie des Ricouvrati, m. en 1720. TB.
252 *Jacques Sarrasin.* Peintre et sculpteur, m. en 1666.
253 *Nicolas Poussin,* peintre, m. en 1665. TB.
254 *Le Président de Thou,* historien, m. en 1617. TB.
255 *Papire Masson,* historiographe, m. en 1611. TB.
256 *Adrien Valois,* historiographe du roi, m. en 1676. TB.
257 *Jean-Baptiste Lully,* surintendant de la musique du roi, m. en 1687. TB.
258 *Pierre de Marca,* archevêque de Paris, m. en 1662. TB.
259 *Jacques Sarmond,* jésuite, m. en 1651. TB.
260 *Le Maréchal de Luxembourg,* duc de Piney, m. en 1693. TB.
261 *Nicolas de Catinat,* maréchal de France, m. en 1712. TB.
262 *Jean de Gassion,* maréchal de France, m. en 1647. TB.
263 *H. de Lorraine, comte d'Harcourt,* grand écuyer de France, m. en 1666. TB.
264 *Martin Luther,* fondateur de l'église réformée, m. en 1546.
265 *Jean Huss,* théologien, né en Bohême, brûlé vif en 1415. TB.

266 Médailles de Louis XIV, 41 mm. dorées. 3 p. TB.

267 **Louis XV.** Pacification de la Corse, 1770. Br. 62 mm. TB.

268 Nouveau pont sur l'Isère. 1730. Arg. 55 mm. TB.

269 *Chambre de Commerce de la Rochelle.* Buste de Louis XV. R⁄. DITAT ET ORNAT. Vue du port de La Rochelle ; vaisseaux et barques. A l'exerg. CHAMBRE DE COMMERCE DE LA ROCHELLE. 1754. Or. 34 mm. poids 27 gr. FDC. dans son écrin en galuchat. Rare.

270 Paix entre la France et l'Angleterre. 41 mm. Arg. B.

271 Pont de Saint-Germain-en-Laye. 1733. 41 mm. Arg. TB.

272 Première pierre de l'église de Sainte-Geneviève. 1764. 41 mm. Arg. TB.

273 Naissance du Duc d'Aquitaine, en 1753. 41 mm. Arg. TB.

274 Cessation de la Peste de Marseille, 1723. 41 mm. Br. TB.

275 **Louis XVI.** Médaille sur l'ouverture du canal reliant la Loire, la Seine et le Rhin. Buste de Louis XVI à l'exerg. COMITIA BURGUND. R⁄. Les trois fleuves entourant la Bourgogne personnifiée par une femme tenant un caducée et une corne d'abondance, à ses pieds l'écu de Bourgogne. Arg. 50 mm. TB.

276 Paix entre la France et l'Angleterre, Versailles. 1781. Arg. 41 mm. TB.

277 Les Bonnes gens de Canon. La Bonne Mère. R⁄. Le bon chef de famille. 41 mm. Arg. TB.

278 Méd. au buste de C. J. B. Galois de la Tour, prem. président au parlement et intendant de Provence, décernée par l'assemblée des communes de Provence en 1788. Arg. 55 mm. TB.

279 **République.** Rondelle de cuivre sur laquelle est gravée : VIVRE LIBRE OU MOURIR S. T. 9.

280 Méd. au buste de Louis XVII. 2 p.

281 Méd. du pacte fédératif. Le serment des fédérés, ovale avec bélière. Dorure ancienne.

282 Négociations avec l'Angleterre. Napoléon casqué. R⁄. Ibis debout. Or. 14 mm.

283 **Napoléon Iᵉʳ.** Méd. du sacre. Napoléon sur un pavois. Arg. 41 mm. TB.

284 Petite méd. d'or au même type. TB.

285 Le musée Napoléon. Arg. 32 mm. TB.

286 Petite méd. d'or. Mariage avec Marie-Louise. Les deux
bustes accolés. TB.

287 Naissance du roi de Rome. Têtes de Napoléon et de Marie-
Louise. R⳽. Buste du roi de Rome. Arg. 33 mm. TB.

288 Petite méd. d'or au même type. 144 mm. TB.

289 Variété de la précédente; les têtes plus petites. Or. TB.

290 Méd. minuscule au même type. Or. TB.

291 Même sujet. R⳽. la louve. Or. TB.

292 Même sujet. Le roi de Rome coiffé d'un petit bonnet ruché.
Or. 18 mm.

293 Les sœurs de Napoléon. Arg. 23 mm. 5 pièces.

294 Le champ de mai. Buste de l'Empereur. R⳽. Aigle éployé.
1er juin 1815. Or. 12 mm. TB.

295 Méd. diverses du règne. Arg. et br. 9 p.

296 **Louis XVIII.** Chambre des députés. Méd. de la session de
1820. Arg. 41 mm. TB.

297 Présentation du duc de Bordeaux : IL NOUS EST NÉ UN
ENFANT A TOUS et R⳽. Le roi et la reine présentant le
jeune Duc. Arg. 68 mm. TB. Rare.

298 Méd. de la garde nationale d'Arras. Juin 1848. Cuiv. TB.

299 Méd. de 1848. Br. 9 p. TB.

300 Méd. au buste d'Henri V. L'HEURE EST A DIEU. FROHSDORF
24 AOUT. GORITZ 3 SEPTEMBRE 1883. Arg. 51 mm. Rare.

301 C'ÉTAIT PLUS QU'UN GRAND ROI, C'ÉTAIT UN HONNÊTE HOMME.
24 août 1883. Buste d'Henri V. R⳽. La France présentant le duc de Bordeaux venant de naître. Arg. 50 mm.

302 HENRY DE FRANCE COMTE DE CHAMBORD. Son buste, à dr. R⳽.
LA PAROLE EST A LA FRANCE ET L'HEURE EST A DIEU, écusson
royal. Module de la pièce de 10 fr. Arg. de la Confédé-
ration suisse; fr. à Anvers en 1872. 47 mm. Arg. Rare.

303 Méd. aux bustes de Ch. Gust. Adolphe, roi de Suède, et
d'Edvige Eléonore, sa femme. Br. doré. 48 mm.

304 Charles VII, empereur du saint empire romain. 1743. Arg.
FDC.

305 Charles IV et Louise d'Espagne. Méd. à leur buste. 1796.
Arg. FDC.

306 Bigorne des départements. Administration des monnaies.
Arg. Rare.

307 Jérôme Fernel, médecin de Henri II. — Laurent Lavoisier
— Xavier Bichat. — Ambroise Paré. 5 p. 41 mm. Br.
Gall. Metall.

308 Méd. au buste de J. Jacques Chifflet, médecin de Philippe IV, roi d'Espagne. Br. 54 mm.

309 Prix de l'Académie de chirurgie de Paris sous Louis XV.
Offert par M. de la Peyronie. Br. 41 mm. Rare.

310 Méd. intéressant la Médecine. 2 p. Br.

311 Mme Marie Rabutin de Sévigné, née à Bourbilly. —
P. Jolyot de Crébillon, né à Dijon. — Gaspard Monge,
né à Beaune. — Alexis Piron, né à Dijon. Ens. Br.
40 mm. 4 p. Gall. métall.

312 J. Bénigne Bossuet, né à Dijon. — Pierre Jeannin, né à
Autun. — S. L. de Vauban, né à Saint-Léger près Avallon. — De Buffon, né à Montbar. Ens. 4 p. Br. 40 mm.
Gall. Metall.

313 Bénéd. de Saussure. — François Lefort. — J.-J. Rousseau.
Personnages genevois. 3 p. Br. 40 mm. Hommes
illustres.

314 Isaac Thélusson, ambassadeur de la République Helvétique près Louis XV. Méd. de Jean Dassier. Br. 68 mm.
Rare. (Catal. Stroehlin, n° 356. 200 fr.)

315 Philibert Delorme. — Bernard de Jussieu. — Personnages
lyonnais. Br. 2 p. 50 mm. Gall Metal.

316 L'empereur d'Autriche. — Le Prince et la Princesse de
Danemarck. — Le Prince de Salerne. — Frédéric Guillaume III. — Charles Philibert de France ; visitent la Monnaie des médailles. Br. 5 p.

317 Benj. Franklin par Dupré. 1796. Br. 45 mm.

318 De Suffren, son buste. R⁄. Le Cap protégé, Trinquemale
pris, etc. Méd. de Dupré. Br. 48 mm.

319 Goethe, par Bovy. 1824. Jolie méd. Br. 40 mm.

320 Wellington. — Samuel Clarke. — Luther. — Alexandre Ier
emp. de Russie. Br. 4 p.

321 Chambre de Commerce de Picardie. Br. 41 mm.

322 Exposition universelle de Besançon, 1860. Br. 50 mm.

323 Exposition de Charleville. 1894. Jolie méd. Br. 50 mm.

324 Exposition nationale de Dôle. 1894. Br. 50 mm.

325 Exposition régionale de Beauvais. 1895. Br. 50 mm.

326 Tête de République. R⟂. la ville de Boulogne-sur-Mer. Br. 50 mm.

327 Société scientifique et industrielle de Marseille. 25e anniversaire de sa fondation. Br. 50 mm.

328 Comice agricole de l'arrond^t de Blois. Br. 50 mm.

329 Société Philantropique des voyageurs et représentants d'Indre-et-Loire. Br. 50 mm.

320ᵃ Exposition de Lyon. 1894. Méd. de Patey. Br. 63 mm.

321ᵃ Méd. commémorative de l'Exposition de Lyon. Br. 40 mm.

322ᵃ L'Union patriotique du Rhône. Méd. de Rivet. Le monument de Pagny. Br. 57 mm.

323ᵃ Ville de Toulouse, certificat d'études primaires. Jolie méd. de Rivet. Br. 50 mm.

324ᵃ Vierge en prière. Belle méd. de Rivet. Arg. 32 mm.

325ᵃ Jeanne d'Arc. Son buste cuirassé, à dr. Jolie méd. de Rivet. Br. 50 mm.

326ᵃ Concours de dressage de la Société hippique de France. Arg. doré. 40 mm.

327ᵃ Tête de République, à g. R⟂. Écusson palmes et lauriers. Br. 68 mm. Méd. de Roty.

328ᵃ Tête de République. R⟂. Vue de la Bastille d'après une estampe ancienne. Arg. 50 mm. Méd. de Roty.

329ᵃ La même. Méd. en br.

330 Les Pompiers. Br. 68 mm. Méd. de Roty.

331 La Patrie encourage la jeunesse à la pratique des exercices virils. Méd. de Rivet. Br. 68 mm.

332 La Vierge à l'enfant. La Vierge tenant l'enfant Jésus dans ses bras. R⟂. Bouquet de lis. Jolie méd. de Rivet. Arg. 32 mm.

333 Le grand-duc de Luxembourg, par Rivet. Br. 50 mm.

334 Les travaux de jardinage. Jolie méd. de Pillet. Br. 57 mm.

335 Les chiens de bergers. Méd. de Salières. Br. 50 mm.

336 Saint Georges à cheval terrassant le dragon. R⟂. Galère. Jolie méd. de Rivet. Arg. 35 mm.

337 La même méd. en bronze. 50 mm.

338 Saint-Antoine de Padoue. Le saint tenant l'enfant Jésus. Arg. 42 mm. Belle méd. de Rivet.

339 La Source. Une femme nue recueille dans ses mains de l'eau qu'elle porte à sa bouche. R⟂. Un amour cherchant

vainement à retenir une source qui tombe d'un rocher. Très belle plaquette de Daniel Dupuy. Arg. 66 mm. sur 35.

340 Chambre de Commerce de Rouen. Tête de République de Daniel Dupuy. Arg. 59 mm.

341 Société d'agriculture du Cher. Arg. 35 mm. Méd. de Roty.

342 Prix d'aviculture. Coq et Poules. Arg. 36 mm.

343 Le maréchal de Mac-Mahon, président de la République, son buste, à g. Belle méd. de Chaplain. Br. 68 mm.

344 L. S. Thiers, Président de la République, 1871-1873. Son buste, à g. Méd. de Oudiné. Br. 68 mm.

345 Jules Grévy, Président de la République française. Son buste, à dr. Méd. de Daniel Dupuis. Br. 68 mm.

346 Carnot, Président de la République française. Son buste, à g. Méd. d'Alphée Dubois. Br. 68 mm.

347 *Médailles concernant les Tirs*. Médaille du tir fédéral de Bâle, à l'occasion du 400e anniversaire de la bataille de Saint-Jacques. 1844. Arg. 37 mm. Rare.

348 Ligue des Patriotes, premier concours de Tir. Paris, 1884. Arg. 58 mm.

349 Société de tir du 36e régiment territorial d'infanterie. Arg. 43 mm. — Société de tir de l'armée territoriale à Lyon. Arg. 40 mm.

350 Concours nationnal de tir. Lyon, 1891. Le monument de Mercié. Arg. 44 mm. Très jolie méd.

351 Prix de tir. Épernay, 1896. Arg. 50 mm.

352 Société d'escrime et de tir. Arg. 40 mm.

353 Prix de l'Union patriotique de l'Ain. Arg. 35 mm.

354 Tir de Bel-Air. Méd. de Roty. Arg. 41 mm.

355 Société de tir du 30e territorial d'infanterie. Arg. 36 mm.

356 Prix de tir offert par le 28e territorial. Arg. 41 mm.

357 Arquebusiers de Provins. Br. 30 mm.

358 Belle médaille de tir de Roty. Buste de la République casquée et cuirassée. R⁄. La République remettant une palme à deux soldats vainqueurs aux tirs. Arg. 50 mm.

359 Société des tireurs ouvriers de Milan. Insigne. Arg.

360 Société de tir de l'Hérault. Insigne avec ruban. Arg.

361 Société de tir de Clamart. Arg. 36 mm.

362 Prix de tir. 3 p. Arg. avec bélière.

363 Concours de Vincennes. Août, 1890. Arg. 40 mm.

364 Tir spinalien des Vosges. Arg. 46 mm.

365 Société de gymnastique et de tir de Paris. Arg. 36 mm.

366 Société de tir du xviie arrondissement de Paris. Arg. 34 mm.

367 Concours public au fusil gros xvie arrondissement. Paris.

368 Concours de tir des gymnastes de la Seine. Arg. 36 mm.

369 Les ex. Jolie méd. de Bertrand. Arg. 32 mm.

370 Société du 30e territorial d'infanterie. Arg. 40 mm.

371 Ville de Vincennes. Concours de tir 1890. Arg. 36 mm.

372 Société des tireurs mâconnais. 1870. Arg. 40 mm.

373 Tir cantonnal de Pontoise. Arg. 33 mm.

374 Compagnie d'Arc de Chambly. Oise. Arg. Octog. Rare.

375 Prix de tir à l'Arc. Saint Sébastien. Arg. 50 mm.

376 Union nationale des Sociétés de tir de France. Arg.

377 Concours de tir de maison Alfort. Arg. 40 mm.

378 Aigle brochant sur une cible et deux fusils en sautoir. Arg.

379 *Insignes et Décorations*. Méd. de Crimée, méd. de la Baltique. Arg. 2 p.

380 Méd. du Tonkin. Madagascar, Campagne d'Italie, Mexique, Méd. coloniale, ensemble 5 p. Arg.

381 Méd. de Madagascar de Roty avec barette et ruban. Arg.

382 Légion d'honneur, Méd. militaire. Arg. 2 p.

383 Légion d'honneur. Petit module avec ruban.

384 Méd. de l'indépendance italienne. Méd. au buste de Ferdinand VI de Sicile. Rare. Arg. 2 p.

385 Méd. de Saint Hélène avec ruban. Br.

386 Méd. minuscules diverses. Arg. 4 p.

387 Ordre du lis. Arg.

388 Méd. de la Société française de secours aux blessés de 1870, avec ruban. Br. 2 p.

389 République française 4e brigade. Armée des Vosges, 1870-71. Arg. Rare.

390 Curieux insigne portant gravé les instruments du jeux de billard. Arg.

JETONS

391 **Charles IX**. *Conseil du Roi*. NON ME STANTE RVENT. Le roi deb. entre deux colonnes auxquelles sont attachés les évangiles, le sceptre et la couronne royale R⃩. NIL NISI CONSILIO. 1567. Écu de France. Arg. TB.

392 **Henri III**. *Conseiller du Roi*. SVBDET VTRVMQUE POLVM. 1582. La terre et le zodiaque. Arg. TB.

393 **Henri IV**. *Conseiller du Roi*. HOC MIHI PLEBIS AMOR. 1605. Arbuste. Arg.

394 **Louis XIII**. *Conseiller du Roi*. HÆC META LABORVM. 1636. Dextrochère assommant un dragon. TB.

395 *Ordre du Saint-Esprit*. 1641. ANIMIS ILLABERÆ NOSTRIS. Saint Esprit et flammes. Arg. TB.

396 **Louis XIV**. *Conseil du Roi*. 1657. VIRTVTI SVBDIT VTRVMQUE. Arc et carquois sous une couronne. Arg. TB.

397 *Secrétaires du Roi*. 1692. DUCEM REGEM QVE SEQUNTUR. Abeilles volant vers le soleil. Arg. TB.

398 *Trésor royal*. 1678. TELORVM ÆTERNA SEGES. Porc-épic. Arg. TB.

399 SVA CVIQUE MINISTRAT. Trois forgerons forgeant le caducée. Arg. B.

400 *Chambre aux deniers*. 1706. INARATA QVOT ANNIS REDDIT. Moissonneur fauchant. Arg. B.

401 *Bâtiments du Roi*. 1705. ET COELUM ET TERRAS SPECTAT. Le soleil éclairant deux globes; dessous : GLOBES POSÉS A MARLI. Arg. AB. Rare.

402 1706. SERVAT ET ORNAT. Les bassins de Neptune. Arg. TB.

403 *Extraordinaire des guerres*. 1674. Armes et cuirasses. Arg. B.

404 *Extraordinaire des guerres et cavalerie légère*. 1654. ALCIDEM PROBAT. L'hydre à terre, ses têtes tranchées. Arg. B.

405 *Parties casuelles*. 1652. DE CASV CERTIVS. Arg. TB.

406 **Louis XV**. *Jeton d'or*. Sacre du Roi à Reims le 25 octobre 1722. Beau et très rare.

407 — Le même jeton en argent. TB.

408 — Buste du roi. R⃩. Buste du Régent. Arg. TB.

409 *Écurie du Roi* SD. Cheval, à dr. Arg. TB.

410 *Secrétaire du Roi.* Jeton de 1724. Arg. TB.

411 *Argenterie du Roi.* 1727. Vertumne et Pomone deb. Arg. TB.

412 *Ordre du Saint-Esprit.* 1728. VIRTUS OMNIS AB. ILLO. Arg. TB. ·

413 *Académie des sciences.* S. D. Minerve, à g. Arg. TB.

414 *Académie littéraire.* S. D. femme deb. tenant une couronne. Arg. TB.

415 *Ordinaire des guerres.* 1727. Aigle tenant un foudre. Arg. TB.

416 1727. Hercule deb. Arg. TB.

417 1749. Mars devant le temple de Janus. Arg. TB.

418 1770. INVIA NULLA VIA EST. Lions. Arg. TB.

419 *Marine.* 1758. FERRO ET PERNICIBVS ALIS. Deux guerriers ailés mettant des monstres en fuite. Arg. TB.

420 *Galères.* 1741. Dauphins jouant dans la mer. Arg. B.

421 *Artillerie.* 1755. Canons enchaînés par des branches d'olivier. Arg. TB.

422 *Artillerie et génie.* ET PLACIDO METUENDA JOVE. Minerve assise au milieu de canons. Arg. TB.

423 *Trésor royal.* 1721. Homme ensemençant un champ. Arg. TB.

424 1735. NON SPOLIANT HYEMES. Oranger. Arg. TB.

425 1750. HAUBIT UT SPARGAT. Drague. Arg. TB.

426 1754. DAT CUNCTA MOVERI. Système solaire. Arg. TB.

427 *Parties Casuelles.* 1748. Pluie tombant sur des bâtiments et s'écoulant dans une citerne. Arg. TB.

428 **Louis XVI.** *Mariages de Louis XVI.* 1770. L'amour accrochant à un palmier les écussons des époux, devant Minerve assise. Arg. TB.

429 *Marie Thérèse d'Autriche.* 1680. HINC ROS LÆTA FOUETUR. Boîte à parfum et arbustes. Arg. B.

430 *Marie Leczinska.* 1743. Le firmament. Arg. FDC.

431 1744. EX VIRTUTE DECVS. Clefs suspendues. Arg. TB.

432 *Marie Antoinette.* Son buste à g. ℞. J'ACCUSE, JE JUGE, J'EXTERMINE. Furie deb. Arg. TB. Jeton de Van Loos.

433 MARIE ANT SOS S REINE DE FR. ET DE NAV. Buste, à dr. ℞. MAISON DE LA REINE. Écus couronnés. Cuiv. TB.

434 *Gaston de France.* GASTON DE FRANCE ONCLE UNIQUE DU ROI.

Écu d'Orléans. ℞. IN UTRAMQUE PARATUS. 1645. Lauriers. Arg. TB.

435 *Anne de Joyeuse*. Amiral de France. ANNE D D IOIEUSE. PAIR. AMIRAL DE FRANCE. Ses armes entourées du collier du Saint-Esprit. ℞. MELIUS MELIORA SECVTIS. 1587. Aigle perché sur une ancre et tenant une couronne dans son bec. Arg. TB. Très rare.

436 *Louis duc de Vendôme,* général des galères. Ses armes. ℞. ARDENT DUM REDDAT HABENAS. Le Char de Neptune, à l'exerg. GALERES 1708. TB.

437 *Louis Alexandre de Bourbon,* comte de Toulouse, amiral de France. 1718. La lune éclairant les flots. Arg. TB.

438 *Louis ch. de Bourbon,* comte d'Eu, duc d'Aumale. Son buste, à dr. ℞. Buste du Régent. Cuiv. TB.

439 *Bonnier de la Mosson,* maréchal de Camp, trésorier général des États du Languedoc. Ses armes et monogramme. Octog. Arg. TB.

440 Gabriel Bernard de Rieux et Suzanne Mar. Hen. de Boulainvilliers. 1727. Les armes des deux époux. Cuiv. TB.

441 **Divers.** 1752. Château de Bellevue. Octog. Arg. TB.

442 OMNIA VINCIT AMOR ET NOS CEDAMUS AMORI. ℞. Un amour jouant de la lyre, à cheval sur un lion. Octog. Arg. TB.

443 Les bonnes gens de canon. La bonne mère. Arg. TB.

444 *Société royale de Médecine.* Buste de Louis XVI. ℞. SOCIÉTÉ ROYALE DE MÉDECINE en quatre lignes. *Jeton d'or.* TB. et très rare.

445 *Académie de Chirurgie de Paris.* CONSILIOQVE MANVQVE. Main couronnée entre deux serpents. A l'exerg., ACAD CHIR PARIS. 1723. Arg. TB.

446 1751. COLIT ET COLITUR. Minerve assise, devant elle un génie deb. Arg. TB.

447 *Académie royale de Médecine* sous Louis XVIII. Octog. Arg. TB.

448 Le même sous Charles X. Octog. Arg. TB.

449 *Ellias Col de Villars,* doyen. Son buste. Jeton de 1741-42. Cuiv. TB.

450 *Collège de Pharmacie* 1778. Coq et serpent. Arg. TB.

452 *Procureurs de la cour.* M. *Chauvelin,* procureur. Ses armes. ℞. La justice assise à g. A l'exerg., PROCUREVRS DE LA COVR. Arg. TB. Très rare.

453 IVSTITIA ET PAX OSCULATÆ SUNT. 1713. La justice et la paix se donnant la main. R⅃. du précédent. Arg. TB.

454 Buste de Louis XV. R⅃. Le même. Arg. TB.

455 *Connétablie, Maréchaussée de France.* Arg. TB.

456 *Officiers gardes du commerce.* Buste de Louis XVI. R⅃. SVADENT AVT COGVNT. Main de justice sur une épée et une masse d'armes en sautoir, le tout sur un champ de lis. A l'exerg., OFFICIERS GARDES DU COMMERCE RECRÉES EN 1778. Arg. TB. Très rare.

457 *Procureurs du Châtelet.* Buste de Louis XV. R⅃. UMBRAS PRIMA RESOLVIT. Le char de l'aurore. A l'exerg., LA COMᵀᴱ DES PROCVREVRS DU CHATELET. 1710 Arg. TB.

458 *Lieutenant criminel, Edme Gaudot.* M. EDME GAUDOT DE LA BRUERRE CHᴿ LIEVTENANT CRᴸ DE Rᴮᴱ Cᵀᴱ AU CHᵀ DE Pˢ· Ses armes. R⅃. FVCOS A PRÆSEPIBVS ARGENT. Ruche et abeilles. A l'exerg., COMPⁱᴱ DE Mᴿ LE LIEVTᵀ CRIMᴸ DE ROBE COURTE. 1724. Arg. TB. Très rare.

459 *Syndics généraux,* privilégiés du roi suivant la cour 1779. Arg. TB.

460 Le même. Variété. Le buste du roi habillé. Arg. TB.

461 Variété. Le buste nu, les cheveux tombants. Arg. TB.

462 *Syndics généraux des Rentes.* Buste de Louis XIV. R⅃. 1707. ASPECTV SOLVITVR. Le soleil dardant ses rayons sur l'Hôtel de Ville. Arg. TB.

463 *Procureurs des Comptes.* Buste de Louis XIV. R⅃. PROCVRANT SOLITA RATIONE QVIETEM. 1708. Oiseaux construisant leur nid sur les flots. Arg. TB. Rare.

464 *Trésorerie générale des dépenses diverses* sous Louis XVI. Monogramme royal. Arg. TB.

465 *Payeurs des Rentes.* 1729. Château d'eau. Arg. TB.

466 *Conseillers du Roi et Notaires.* Sous Louis XV. Arg. TB.

467 Le même jeton sous Louis XVI. Arg. TB.

468 Gabelles de France. Jetons de 1664. Cuiv. B.

469 *Avocats* aux conseils du Roi et à la Cour de cassation sous Louis XVIII. Octog. Arg. FDC.

470 *Les juges et consuls* sous Louis XV. Arg. TB.

471 *Agents de change* de Paris sous Louis XVIII. Octog. **Arg.** FDC.

472 *Académie de Saint-Luc.* Tête de Louis XV. R⅃. 1758. HÆC ANTIQVA MINERVA. Minerve assise, s'appuyant sur l'écusson de l'Académie. Arg. TB.

473 *Compagnie des Indes.* Buste habillé de Louis XVI, à dr. R⸋. Deux Indiens s'appuyant sur l'écusson de la Compagnie. A l'exerg., COMP^IE DES INDES M·D·CCLXXXV. Arg. Octog. FDC. Rare.

474 *Écoles de Paris.* PETIT ARDVA NISV. Orphée assis près d'un enfant. A l'exerg., ÉCOLES DE PARIS. 1752. R⸋. PRÆCENTORI ECCLESIÆ PARISIENSIS. 1735. Un enfant assis sur les genoux de la Religion. Cuiv. TB.

475 *Paroisse de Saint-Jacques*, 1766. Vue du Pont-Neuf. R⸋. ITQVE DOCET QVE VIAM. Saint-Jacques deb. Arg. TB.

476 Saint-Jacques deb. R⸋. 1647. CHANOYNES insignes de pèlerins. Cuiv. TB.

477 *Paroisse de Saint-Laurent.* ECCLESIÆ THESAURI PAUPERES. Vue de la paroisse. R⸋. 1736. COMMISS·DES·PAUV·DE·LA·PAR· S^T LAURENT. Saint-Laurent deb. Arg. TB. Très rare.

478 *Paroisse de Saint-Gervais.* Buste de Louis XV. R⸋. AMBO NOS VITA MARTHIRO ET LAUREA DOCENT. Les saints Gervais et Protais deb. A l'exerg., LES MARGUILLIERS DE S^T GERVAIS. 1715. Arg. TB.

479 *L'Hôtel de Ville.* Buste de Louis XV. R⸋. L'HOSTEL DE VILLE DE PARIS. Vue de l'Hôtel de Ville. Arg. TB.

480 *Jer. Bignon*, Prévot. DE LA PREVOTE DE M^RE JEROME BIGNON CON^ER D'ETAT. Ses armes. R⸋. 1709. ARDET AB UNO. Miroir reflétant les rayons solaires. Arg. TB.

481 *L. de Bernage.* IIe prévôté. 1746. Arg. TB.

482 IVe prévôté du même. 1740. Arg. TB.

483 VIe prévôté du même. 1756. Arg. TB.

484 *J. B. De la Michodière.* 1773. Ses armes. Arg. TB.

485 *Premier corps des Marchands.* Drapiers. PRETIUMQUE ET CAUSA LABORIS. Jason dans un navire, tenant une épée et la toison. A l'exerg. I. PERDRIGEON. 1715. R⸋. UT CŒTERAS DIRIGAT. Vaisseau à voile; à l'exerg. LE PREMIER CORPS DES MARCHANDS DE PARIS. Arg. TB. Rare.

486 *Imprimeurs.* 1723. Cartouche aux armes de la corporation. R⸋. EX UTROQUE LUX. Livre ouvert sous le soleil. A l'exerg. BIBLIOPOLÆ ET TYPOGRAPHI PARIS^ES. Arg. TB.

487 Cercle de la librairie, de l'imprimerie et de la papeterie fondé en 1847. Arg. TB.

488 *Selliers.* Tête de Louis XV. R⸋. SANCTE ELISI. Saint-Éloi deb., à l'exerg. COMMUNAUTE DES MAIT SELLIER. 1751. Arg. TB.

489 *Marchands de vin.* Cartouche aux armes de la corporation. R℔. Calice sur un autel. Arg. TB.

490 *Monnayeurs.* Buste de Louis XV. R℔. ET LEGE ET PONDERE. 1723. Balancier. Arg. TB.

491 *Ajusteurs de la Monnaie.* 1756. DANT PRETIUM. Instruments de monnayage. R℔. DANT PONDUS. Presse monétaire. Arg. TB.

492 *Teinturiers.* Jeton des marchands teinturiers de bon teint sous Louis XV. Arg. TB.

493 *Vendeurs de volailles.* Buste de Louis XV. R℔. Adam et Ève regardant un troupeau de bêtes, à l'exerg. JUREZ VENDEURS CONT DE VOLAILLE. Arg. TB.

494 *Traiteurs, Rôtisseurs, Pâtissiers.* Buste de Louis XVI. R℔. MAITRES TRAITEURS ROTISSEURS PATISSIERS, en lég. circulaire, dans le champ, gravé à la pointe : Vᴇ LEMBERT. 1784. Cuiv. TB.

495 *Bouchers.* Jeton de Commerce de la boucherie sous Louis XVIII. 1816. Octog. Arg. FDC.

496 *Bourreliers.* Buste de Louis XV. R℔. VENI CORONABERIS. L'assomption à l'exerg. COMMUNAUTÉ DES MAIT BOURRÉLIERS. 1403. Arg. TB. Rare.

497 *Experts et greffiers des Bâtiments.* Femme assise mesurant un plan. R℔. Bâtiments. Arg. TB.

498 *Tissutiers, Rubaniers, Frangiers.* Tête de Louis XV. R℔. LA COMᵀᴱ DES TISSUTIERS RUBANNIERS . FRANGIERS Mᴰˢ FAB DE PARIS 1743. Cartouche aux armes de la corporation. Arg. Très rare.

499 *Maréchaux Ferrants éperonniers.* Buste de Louis XVI, à g. R℔. MARÉCHAUX FERRANTS ÉPERONNIERS. Fer à cheval couronné, autour instruments du métier : à l'exerg. D T DE PEXNAUD BODEVRN DARDAINE MORONVALLE . ANNÉE 1783. Arg. TB. Très rare.

500 *Chambre de commerce. XIX siècle.* Chambre des tapissiers fondée en 1848. Octog. Arg. FDC.

501 Chambre syndicale des tapissiers. Octog. Arg. FDC.

502 Chambre syndicale des entrepreneurs de charpente de Paris. Arg. TB.

503 Chambre des imprimeurs de Paris. Arg. FDC.

504 Chambre des marchands carriers. Arg. FDC.

505 Chambre syndicale des miroitiers. 1844. Octog. Arg. TB.

506 Société Phil^que des marchands tailleurs. Octog. Arg. TB.

507 **Divers.** *Agents de change.* Corne d'abondance et caducée. R⁄. Femme assise à côté d'une caisse remplie de sacs d'argent. Octog. Arg. TB.

508 *Syndics des Tontines.* Tête de Louis XV!, à dr. R⁄. VIGILANS ET CUSTOS. Héron; à l'exergue : SCINDICS DES TONTINES. Arg. TB. Rare.

509 Buste habillé de Louis XV, à dr. R⁄. Le même. Arg. TB. Rare.

510 *Préfecture.* LABOR OMNIBUS. La Seine couchée soutenant une ruche d'où s'échappent des abeilles. Jeton de l'an XIII. Arg. TB.

511 *Maison Philanthropique de Paris.* 1781. Main tenant un arrosoir et arrosant des plantes. Arg. TB.

512 *Commerce de bois flotté.* Jeton au buste de Jean Rouvet inventeur des flottages. Arg. FDC.

513 *Invalides de la Marine* sous Louis XV. 1773. Octogone. Arg. TB.

514 Le même. Jeton en cuivre. TB. Rare.

515 *Lycée des Arts.* LYCEE DES ARTS 1792. Apollon debout. Arg. FDC.

516 **Province.** *Amiens.* Jeton de la comp^ie des notaires. 1816. Arg. FDC.

517 Jeton de la chambre de commerce sous Louis-Philippe. Octog. Arg. FDC.

518 *Avignon.* Jeton de la chambre de commerce l'an XI. Buste de Napoléon Ier Consul. Cuiv. TB.

519 *Bayonne.* Jeton de la ville au buste de Louis XV. Arg. TB.

520 Jeton de la ville aux armes de France. Arg. TB.

521 *Bessèges.* Jeton de la Cie de fonderies et forges. Arg. TB.

522 *Bordeaux.* Administration municipale sous Louis XV. Arg.

523 Jeton des courtiers Royaux 1758. Arg. TB.

524 Chambre de commerce sous Charles X. 1828. Octog. Arg. FDC.

525 Chambre de commerce sous Louis XVIII. 1821. Arg. TB.

526 Courtiers du commerce en 1833. Octog. Arg. TB.

527 Société de médecine. Buste d'Hippocrate. XIXe siècle. Octog. Arg. FDC.

528 *Bourgogne.* Jeton des États de 1639 à 1749. Cuiv. 69 p. —

Vicomtes majeurs, élus, etc. de 1621 à 1785. Cuiv.
38 pièces. Ens. 107 pièces. Quelq. doubles.

529 Jetons de G. Royhier, vicomte majeur de Dijon. Cuiv. 2 p.

530 Jetons des maires de Beaune. Cuiv. 7 p.

531 Jeton de Marie-Adélaïde, duchesse de Bourgogne. R⫝. 1708.
Aigle sur un socle orné d'hermines. Cuiv. TB.

532 1694 FELICIBUS CONDOEI ET BORBONII AUSPICIIS. Écu de Bourgogne. R⫝. SECURA DUABUS. Navire attaché par deux
ancres. Arg. TB.

533 Jeton des États sous Louis XVI. 1776. Arg. TB.

534 Même date, variété du précédent. Arg. TB.

535 Le même. Année 1779. Arg. TB.

536 Le même. Année 1782. Arg. TB.

537 Conservatoire de musique de Dijon. Moderne. Arg. TB.

538 *Brunoy* (S.-et-O.). Écu de France entouré des cordons de
l'ordre du Saint-Esprit, de Saint-Michel et de la Toison
d'or. R⫝. JETTON DE BRUNOI en trois lignes. Octog. Cuiv.
Très rare. TB.

539 *Chalon-sur-Marne*. Buste de Louis XV. Jeton de l'Hôtel de
Ville. Arg. TB.

540 *Cambrai*. Les États de Cambrai et du Cambrésis sous
Louis XV. Arg.

541 Jeton de la ville sous Louis XVI. Arg. TB.

542 Jeton de la ville sous Charles X. Octog. Arg. TB.

543 *Chartres*. Jeton de la ville sous Louis XVI. Arg. TB.

544 Jeton des notaires royaux sous Louis XVI. Rare. Arg.
FDC.

545 *Clermont*. Jeton aux armes de J.-B. Massillon, évêque, 1719.
Cuiv. TB.

546 *Cosne*. Jeton des notaires de l'arrᵗ 1831. Octog. Arg. TB.

547 *Dieppe*. Réunion des marchands merciers drapiers de Dieppe
en 1728. Arg. TB.

548 Jeton de la société des cœurs réunis. 1784. VIS UNITA
FORTIOR faisceau de piques réunies par un ruban. Arg.
TB. Rare.

549 La chambre de commerce de Dieppe sous Louis XVIII.
Octog. Arg. TB.

550 *Grenoble*. PATRIA ET MOSIS. Autel allumé entre deux arbres.
R⫝. LYCEE DE GRENOBLE AN VI. Arg. TB.

551 *Le Havre de grâce.* Buste de Louis XVI. R⁄. ARRIVE ET SOIS HEUREUX. Vaisseau éclairé par les rayons du soleil et rentrant au port. 1789. Jeton des assureurs. Octog. Arg. TB.

552 Chambre d'assurances. 1802. Vaisseau assailli par une tempête. R⁄. Vaisseau voguant par un temps calme, à l'exerg. CHAMBRE D'ASSURANCE DU HAVRE DE GRACE AN ONZE DE LA RE. Octog. Arg. TB.

553 *Le Havre.* Courtiers près la Bourse du Havre 1833. Arg. TB.

554 *La Rochelle.* Jeton des juges et consuls sous Louis XVI. 1776. Arg. TB.

555 Jeton de l'Hôtel de Ville sous Louis XV. Arg. TB.

556 Jeton de la chambre de commerce sous Louis XV. SD. Arg. TB.

557 Jeton de la chambre de commerce. 1754. Arg. TB.

558 Chambre des notaires de l'arrond^t XIXe siècle. Arg. TB.

559 *Laon.* Notaires de l'arrond^t sous Louis-Philippe. Arg. TB.

560 *Lille.* Jeton de l'administration du bien des pauvres de la paroisse Sainte-Catherine en 1776. Arg. TB.

561 Jeton des monnayeurs sous Louis XV. La Monnaie agenouillée devant le roi. Arg. B.

562 Conseil des prud'hommes de Lille. XIXe siècle. Arg. FDC.

563 *Languedoc.* Jeton des États. 1759. Écu de Languedoc entre deux palmes. Arg. TB.

564 1762. DONUM REGI AMORIS PIGNUS ET EXEMPLUM. Navire. Octog. TB.

565 Jeton de 1768. Écu couronné. Arg. TB.

566 Académie des sciences et belles lettres de Toulouse. Minerve casquée entre trois lis. R⁄. Ruche et abeilles. Arg. FDC.

567 Académies des jeux floraux à Toulouse. Buste de Clémence Isaure. 1754. Arg. FDC.

568 Le même de l'année. 1819. Arg. FDC.

569 *Lorraine.* Buste de Louis XIV. R⁄. Le soleil éclairant un paysage; à l'exergue : DE L'INT D LORR BARR ET EVESCHEZ. 1669. Arg. AB.

570 La Lorraine assise, à g. 1661. Même lég. Cuiv. B.

571 *Louviers.* Loge des Arts et l'Amitié. 1805. Arg. TB.

572 *Lyon*. Léonard Bathéon et Bonne Pupil sa femme. Cuiv. TB.

573 Collège de médecine. Coq et serpent. ℞. Esculape secourant un malade. Arg. B.

574 *Société de Pharmacie*. Buste de Claude Gallien. ℞. Minerve nourrissant un serpent. Coin de Chavanne. Arg. FDC.

575 Dispensaire de Lyon fondé en 1818. Arg. TB.

576 Jeton de la société des arquebusiers. 1741. Arg. TB.

577 LEGE DUCE COMITE JUSTICIA. La loi et la justice debout. Jeton signé : Mercier de Lyon. Arg. TB.

578 Chapellerie de la ville de Lyon. 1764. Arg. TB.

579 Conseils des prud'hommes. 1818. Arg. TB.

580 Le même sans date. Octog. Arg. TB.

581 Tribunal de commerce. 1847. Arg. FDC.

582 Notaires de l'arrondissement de Lyon. 1805. Arg. TB.

583 Notaires de Lyon. L'an 1823 et S D. Arg. 2 p. TB.

584 Académie littéraire. Jeton de 1700. Arg. TB.

585 Chambre de commerce. DUM CIRCUIT OR NAT. Le soleil éclairant la terre. S D. Arg. TB.

586 Même avers. ℞. Le Rhône et la Saône. Arg. TB.

587 Chambre de commerce. ℞. SUIS LE LYON QUI NE MORS POINT etc. Écusson couronné. Octog. Arg. TB.

588 XVIII VIRI LUGDUN COMMERCIIS REGUNDIS. Lion tenant une épée. ℞. SERICIS LUGD INSERVIT ORBI. La ville assise soulevant une étoffe de soie. Arg. TB.

589 Liberté du courtage, cours officiel des soies. Loi de 1866. Arg. TB.

590 Chambre syndicale. Association de la fabrication lyonnaise fondée en 1868. Arg. TB.

591 Comptoir Lyonnais fondé en 1848. Octog. Arg. TB.

592 Courtiers pour la soie. 1828. Octog. Arg. TB.

593 Société Linnéenne fondée en 1822. Arg. TB.

594 Conseil municipal de la ville. S D. XIXᵉ siècle. Arg. TB.

595 Éclairage de Lyon 1856. Octog. Arg. TB.

596 Chemin de fer de Saint-Étienne à Lyon. 1826. Arg. TB.

597 *Marseille*. Visite sanitaire des marchandises arrivées au port 1775. Octog. Arg. Coin de Gatteaux.

598 Chambre de commerce. 1775. Vue de la mer et des

vaisseaux. Sur la rive des ballots de marchandises. Arg. TB. Coin de Gatteaux.

599 *Meaux*. Chambre des huissiers sous Louis XVIII. Arg. TB.

600 *Metz*. Jeton offert par la ville au gouverneur de Metz à l'occasion de la naissance de son fils. 1754. Arg. R̟.

601 *Moulins*. Jeton aux armes de Bardonnet. Maire. Arg. TB.

602 F.C. CADIER CH^{EN} BARON DE VEAUCE MAIRE. 1766. Ses armes. R̸. Écusson de la ville. Arg. Rare.

603 *Montbrison*. Chambre des notaires en 1876. Arg. TB.

604 *Nancy*. Jeton de la chambre de commerce. 1855. Arg. TB.

605 *Nantes*. Tribunal de commerce, offert par la Chambre. 1859. Arg. TB.

606 Chambre de commerce. XIXe siècle. Octog. Arg. FDC.

607 *Nemours*. Élections de Nemours. S.D. R̸. Tête de Louis XVI, à dr. Arg. TB.

608 — Le même. Buste de Louis XVI habillé. Arg. TB.

609 *Nevers*. Jeton de 1722. De la fondation de Louis de Gonzague et Henriette de Clèves. Arg. TB.

610 *Orléans*. Jeton de la chambre des chaussées. 1629. Cuiv. TB.

611 Jeton de la mairie de Mr Seurrat, écuyer, seigneur de Guilleville, 1780. Ses armes. R̸. La Pucelle tenant l'écu de la ville. Octog. Arg. TB. Rare.

612 Notaire au châtelet d'Orléans. Buste de Louis XVI. R̸. Écu royal couronné entre deux palmes. Arg. FDC.

613 Société scientifique et belles lettres. 1851. Octog. Arg. TB.

614 Société archéologique de l'Orléanais. 1849. Arg. TB.

615 Chemin de fer de Paris à Orléans. 1838. Octog. Arg. FDC.

616 *Provins*. Société d'agriculture, sciences et arts de Provins. R̸. Aigle sur un foudre. Arg. FDC.

617 *Reims*. Jeton des arquebusiers. 1707. Cuiv. TB.

618 *Rennes*. Jeton de l'administration municipale. Arg. TB.

619 *Rouen*. Jeton de la ville sous Louis XV. Arg. TB.

620 Tête de Louis XV. R̸. L'accouchement de sainte Anne, à l'exerg. : ETABLISSEMENT ROYAL DES MARCH PASSEMENTIERS DE ROUEN. EN 1531. Arg. TB.

621 SORO DEO MINOR. L'Assomption. R̸. L'Ascension, à l'exerg . SODALITAS B. V. MARIÆ IN ECCLES ROTH. 1712. Arg. TB.

622 Chambre de commerce. Tête de Louis XIV. R⟁. Mercure assis sur un ballot de marchandises; à l'arrière-plan, vue de la ville. 1712. Arg. TB.

623 Chambre de commerce sous Louis Philippe. Arg. TB.

624 Tête de Louis XVI. R⟁. COMM^{TÉ} DER M^{DES} LINGERES DE ROUEN. Deux mains jointes. Arg. TB.

625 Chambre des assurances. Buste de Louis XV. R⟁. DAT VINCERE FATA. 1742. Ancre et caducée. Arg. TB.

626 Réunion des marchands de Rouen sous Louis XV. R⟁. 1719. La paix et la justice se donnant la main. Arg. TB.

627 Monnayeurs. Buste de Louis XIV. R⟁. HIIVC PONDUS ET PRETIUM. Balancier et balances, à l'exerg. MONN DE ROUEN. 1787. Arg. FDC.

628 Académie littéraire sous Louis XV. R⟁. TRIA LIMINA PANDIT. Minerve couchée. Arg. TB.

629 Agréés près le tribunal de commerce. 1835. Octog. Arg. TB.

630 Société libre d'émulation, établie en 1800. Arg. TB.

631 Banque de Rouen. 1817. Arg. TB.

632 Avoués au tribunal de première instance. 1841. Arg. TB.

633 Les avoués de l'arrondissement de Rouen. 1829. Arg. TB.

634 *Sens.* Les juges et consuls sous Louis XV. Arg. TB.

635 *Tours.* Mairie de M. Decop. 1765. Arg. AB.

636 *Troyes.* Notaires de l'arrondissement. 1807. Cuiv. TB.

637 *Valenciennes.* Jeton de la ville. 1758. Arg. TB.

638 *Versailles.* Buste de Louis XIV. R⟁. COMMUNAUTE DES M^{DS} MERCIERS DRAPIERS DE VERSAILLES. Cartouches aux armes de la corporation. Arg. TB. Rare.

639 Loge écossaise des militaires réunis. Cuiv. TB.

640 Chambre des entrepreneurs de bâtiments. 1845. Arg. TB.

641 Société d'agriculture de S.-et-O. 1840. Arg. FDC.

642 *Vienne.* S. SEVERUS VIENNE. Le saint debout. Méreaux contremarqués de l'année : 1570. TB. Rare.

643 SANCTUS MAURICIUS. Le saint debout tenant une bannière et un écusson. 1539. R⟁. LIB [RA CLERICO] RUM VIENNE. Cuiv. Rare.

644 **Divers.** *Du Consulat à nos jours.* Agents de change. Femme près d'une caisse remplie de sacs d'argent. Octog. Arg. FDC.

645 Avoués près la cour d'appel à Paris. Octog. Arg. TB.

646 Chambre des avoués, tribunal de Nantes. Octog. Arg. FDC.

647 Vaccinations municipales de Paris. Arg. FDC.

648 Hospices civils de Paris. Arg. FDC.

649 Société de prévoyance des pharmaciens de la Seine. 1824. Oct. FDC.

650 Variété, jeton de 1853. Octog. Arg. FDC.

651 Société de médecine de Bordeaux. Tête d'Hippocrate. Oct. Arg. FDC.

652 Chambre de commerce de Bordeaux. 1821. Arg. FDC.

653 Chambre de commerce de Bordeaux. 1826. Arg. TB.

654 Chambre de commerce de Paris. Arg. TB.

655 Association des demoiselles du commerce. Arg. TB.

656 Orangerie de Versailles. Octogone. Arg. TB.

657 Banque d'escompte de Paris. Octog. Arg. FDC.

658 Caisse générale du commerce et de l'industrie. 1837. Arg. Oct. FDC.

659 Société générale de crédit industriel et commercial. Oct. Arg. FDC.

660 Comptoir de Château-Thierry. 1843. Octog. Arg. FDC.

661 Chambre des notaires de Loches. Octog. Arg. FDC.

662 Caisse d'escompte et de prêts de l'île de Bourbon sous Charles X. Octog. Arg. TB.

663 École impériale polytechnique. $\mathbb{R}$. Expertises. Arg. TB.

664 Commerce de charbons de bois de Paris. 1820. Oct. Arg. Oct. TB.

665 Courtiers en vins et eaux-de-vie du département de la Seine. Arg. TB.

666 Comité des salles d'asiles d'Amiens. 1833. Arg. FDC.

667 Société centrale des chasseurs contre le braconnage. Arg. TB.

668 Le Phénix compagnie d'assurances. 1844. Octog. Arg. TB.

669 Jeton de jeu de la famille Mesdach. Arg. FDC.

670 Autre jeton de jeu, non classé. Arg. FDC.

671 Société scientifique de Meaux. Oct. Arg. FDC.

672 Hauts-fourneaux de la Cie des fonderies et forges de la
Loire et de l'Ardèche. Arg. FDC.
673 Commerce du bois à brûler ; buste de Bouvet. Arg. FDC.
674 Société scientifique du Bas-Rhin. Arg. Oct. FDC.
675 Université de France sous Louis XVIII. Oct. Arg. TB.
676 Compagnie des notaires de l'arrondissement de Caen.
1842. Oct. Arg. TB.
677 Notaires de l'arrondissement de Bernay. Oct. Arg. FDC.
678 Lot de jetons. Cuiv. Quelques bons.
679 Lot de jetons. Cuiv. Divers.
680 Lot de 16 jetons. Arg.

MACON, PROTAT FRÈRES, IMPRIMEURS

www.ingramcontent.com/pod-product-compliance
Ingram Content Group UK Ltd.
Pitfield, Milton Keynes, MK11 3LW, UK
UKHW022316170726
13837UKWH00005BA/2031